Mendelssohn, Moses

Genève
1763

Recherches sur les sentiments moraux

RECHERCHES
SUR LES
SENTIMENS MORAUX.

Traduit de l'Allemand

PAR Mͨ͞. ABBT

Professeur en Philosophie, dans l'Université de Rinteln.

Se vend A GENEVE

Chez CL. & ANT. PHILIBERT.

MDCCLXIII.

PRÉFACE

DU TRADUCTEUR.

*O*N connoît depuis quelque tems en France quatre ou cinq de nos meilleurs Poëtes ; & leurs ouvrages font honneur au génie des Allemands. Les Romains se montrèrent Poëtes & Orateurs, après avoir fait parler l'Univers de leurs victoires. Mais il nous importe pour le moins autant de faire connoître nos Philosophes aux Etrangers. Il y en a quelques-uns dont les ouvrages méritent assurément de paroître sur un plus grand Théatre. Si la philoso-

† a   phie

phie de notre païs n'a pas ces graces
legeres, qui ont attiré un si grand
nombre de jeunes adorateurs à la Philosophie en France ; la notre est faite pour
être la compagne d'un homme d'un
certain âge, qui, lâs de briller dans
les sociétés, ne cherche plus qu'à s'amu-
ser tranquillement chez lui & à y
raisonner solidement.

Nous la devons aux Leibniz & aux
Wolf, dont le premier a fourni les matériaux employés par l'autre. Wolf
doué de cet esprit systématique, qui, moins
créateur qu'architecte, tâche de lier toutes les parties les unes aux autres :
Wolf employa la méthode des Geome-
tres pour former son systême. Il s'é-
toit persuadé, que ses dogmes arrangés
selon les regles de cette méthode, brille-
roient de la même évidence que les verités de la Géométrie & opéreroient la
même conviction dans les esprits.

Mais

Mais la Géometrie se moqua de lui. Elle savoit trop bien que la méthode transplantée hors de ses limites n'avoit plus l'effet qu'elle montroit dans son enceinte, & qu'il falloit employer ses matériaux pour donner la même solidité à l'édifice.

Les disciples vont toujours plus loin que leurs maîtres. Notre nation plus portée à l'imitation qu'aucune autre, soit que le caractère national l'y porte, soit que l'exemple des Grands, toujours dangereux, l'entraine ; notre Nation donna avec fureur dans la nouvelle méthode de traiter la philosophie. Les jeunes-gens surtout en furent épris. Ils devoient pourtant être les prémiers à se révolter contre une méthode, qui, en réprimant toutes les saillies de l'imagination, éteignoit, pour ainsi dire, la seule faculté dominante chez les jeunes gens. Mais enfin on voulut avoir

l'air

l'air de philosophe profond, & l'on mit
dans une differtation de quelques pages,
cette marche lente & fort souvent pefante, qu'on ne fupporte dans les grands
fyftêmes, que dans l'efpérance d'apprendre quelque chofe. C'étoient des enfans
endoffés de l'armature pefante d'un homme fait. Ils ne faifoient peur à per-
fonne ; ceux contre qui ils marchoient
s'en moquoient, & la caufe, qu'ils al-
loient defendre, en foufroit.

On avoit oublié, ce femble, qu'il faut
aux fciences une chaine de places fortes
fur leurs frontières ; mais que les places dans l'intérieur du Royaume n'ont
pas befoin d'être fortifiées. Quand on trai-
toit chaque fujet particulier felon la me-
thode de M. Wolf, on dévaftoit un païs
qu'on étoit appellé à embellir. Il n'étoit
donné qu'à lui de travailler en Vauban.

Cet homme celébre n'avoit d'imagination qu'autant qu'il en falloit pour n'en

pas

pas manquer absolument. Il ne voyoit
point de beauté aux sciences, mais il en
découvroit jusqu'aux moindres liaisons.
Il avoit recours aux principes premiers,
sur lesquels se fondent tous nos raisonnemens. Il étoit attentif à donner autant de certitude qu'il pouvoit, non-seu-
lement à chaque proposition qu'il mettoit
en œuvre, mais aussi à la forme, qui
dans le raisonnement lie ces propositions
les unes aux autres. En un mot il créa,
à l'aide d'une Logique exacte, la Métaphysique, qui devoit servir de base à
la science des mœurs. Voilà, si je
ne me trompe, le mérite principal de
la philosophie qu'il a formée. On ne
l'envisage pas toujours dans ce point de
vuë. Je m'y suis arrêté pour le faire
mieux sentir.

On a divisé les Mathématiques en
Mathématiques pures & appliquées.
Rendons le même service à la Méta-

phy-

physique. La premiere ne renfermera
que les principes les plus univerſels,
les notions les plus générales. Elle
contiendra les archives, d'où toutes les
autres verités tireront les titres de leur
évidence. Les verités géométriques mêmes ſeront obligées a'y avoir recours;
& les titres de celles ci ſont très bons.
¡ Des êtres qui raiſonnent, & dont les
langues contiennent des mots déſignants
des notions abſtraites, ne ſauroient ſe
paſſer d'une telle Métaphyſique. Car on
les ſuppoſe toujours curieux de ſavoir,
quelle eſt la force des mots qu'ils em-
ployent, & quel eſt le fondement des
raiſonnemens qu'ils font. Il n'y a donc
que la Métaphyſique appliquée, ſur laquelle tombent tous les traits qu'on a
lancés contre la Métaphyſique en general.
C eſt à préſent le bel air de la mépri-
ſer, & de la couvrir de ridicule. Lorsqu'Euclide donna le premier un ſyſtême
suivi

suivi de Géométrie, il y eut sans doute quelques beaux esprits, qui se moquèrent de ses raisonnemens graves sur les lignes & les surfaces.

La Métaphysique pure peut être appliquée à trois notions, moins universelles que celles qu'elle renferme, mais assés generales pour comprendre un grand nombre de sujets particuliers. Ces notions sont la notion de l'Univers; la notion des Etres qui ont des perceptions de l'Univers; enfin la notion de l'Etre, qui en a la perception la plus distincte & la plus parfaite. On en a fait trois sciences sous les noms de Cosmologie, Psychologie & Théologie naturelle. Parmi les Etres qui ont des perceptions de l'Univers il s'en trouve quelques-uns qui en ont de distinctes; & l'homme se rencontre dans cette classe.

Voilà donc la Philosophie de l'homme qui commence, & qui doit de sa

† 5 na-

nature être antérieure à la Philosophie du Citoyen. Celle-ci est la plus utile, parcequ'elle est la plus immédiate à la situation dans laquelle chacun se trouve. Elle dicte les devoirs de celui qui obéit & de celui qui commande, recherche les causes du bien-être ou du mal-être d'un état, & tâche de découvrir & de montrer l'aptitude ou l'inaptitude des loix Cette philosophie a un langage à elle. Rencontrant par tout des préjugés, qu'il faut ou dissiper ou respecter, elle doit parler avec sagesse & avec fermeté; elle doit employer le ton de la liberté & éviter celui de la licence. Sentant également sa force & sa foiblesse, elle doit attaquer les abus de la Religion & en adorer les mystéres; enfin elle doit être dans la main du sage un flambeau qui éclaire, au lieu d'être dans la main d'un insensé un flambeau pour mettre le feu au sanctuaire.

Il faut avouer que pendant un tems
confidérable cette Philofophie n'a point
été cultivée en Allemagne. On ne
parla point ou fort peu du Citoyen.
Peut-être des circonftances particulieres
à l'Allemagne firent - elles qu'on n'ofa
pas en parler. Mais depuis que la
France même nous a donné des modeles
en ce genre, nous n'avons plus héfité
de parler. Il me fera permis de compter
ici parmi mes compatriotes les Savans
Suiffes qui ont écrit en Allemand fur ces
fujets. Ce n'eft pas feulement pour grof-
fir le nombre, c'eft pour ne pas
omettre les meilleurs modeles. Il n'y
a que les Suiffes qui puiffent traiter
de tels fujets avec un feu, qu'ils prennent
pour ainfi dire, fur leurs propres autels.
C'eft d'un côté Théocrite, qui fous le
plus beau ciel décrit les beautés du printems qu'il fent; & d'un autre coté ce font
des habitans du Nord, qui s'échauffant l'i-
ma-

magination par la lecture de leurs ouvrages, nous donnent la description d'un
printems dont ils ne jouissent pas.

Mais cette philosophie du Citoyen,
je l'ai déja dit, doit être précédée par
la philosophie de l'homme. Tous les
rapports, qu'on peut assigner au Citoyen,
supposent la connoissance exacte de l'un
des termes qui se trouve constamment
dans tous les rapports: & ce terme c'est
ce M O I, qui est, pour ainsi dire le
centre où toutes les lignes aboutissent.

Ce M O I pense & veut. Ce M O I
doit vouloir certaines choses. Il s'agit
de découvrir les régles qu'il suit par
sa nature même, & les régles qu'on
peut lui imposer comme des conséquences des prémieres. Il faut donc connoître sa nature; en un mot, il faut
avoir une Métaphysique appliquée pour
avoir une science des mœurs; il faut
avoir celle-ci pour avoir une philosophie
du

du Citoyen, qui en mérite le nom.

Rien de plus évident, ce me semble, que la liaison de toutes ces parties. Mr. Wolf a non seulement établi cette liaison ; il l'a cimentée. Il a voulu y introduire la certitude. Nous soutenons qu'il y a réussi autant qu'on peut y réussir; car les hypothéses, qui se trouvent dans la Métaphysique, ne nuisent pas à cette certitude. Nous assurons que cette liaison exacte de toutes les parties fait le principal mérite de notre philosophie, & que sans s'y prendre de cette manière, on ne parvient jamais à une certitude raisonnable.

Qu'on ne méprise pas cette certitude, pour n'en avoir pas senti la nécessité. Il est des ames honnêtes, amies sincéres de la verité, qui sont quelquefois troublées de doutes cruels sur l'immortalité de l'ame, sur la providence, sur les prérogatives de la vertu. Ces dou-

tes

tes les entourent, les perfécutent, comme des furies infernales. Dans ces momens terribles, où laffes de leur exiftence, elles s'imaginent d'en pouvoir jetter le fardeau en changeant de manière d'exifter, dans ces momens noirs & cruels où trouveront-elles du fecours? Sera-ce chez les Rheteurs? hélas, ce font précifément leurs déclamations qui ont fortifié ces doutes. Sera-ce dans la foi? Mais le cœur ne fe foumet pas lorfque l'efprit n'eft pas fubjugué. Sera-ce dans la réfolution de n'y plus penfer? mais cette réfolution, la peut on prendre quand on veut? eft-elle digne d'un être penfant? Ce fera donc dans les ouvrages de ces hommes bienfaifans, qui par leurs raifonnemens fûrs & fondés fur des principes inébranlables, ne laiffent plus rien à défirer à la Raifon la plus fevére.

On a quelquefois reproché à cette phi-

Philosophie de ne songer qu'à satisfaire
la raison, au lieu de tâcher en même
tems de contenter le cœur. Et là-dessus
on s'est jetté dans de longues déclamations, qui prouvent ce que nous savons
il y a longtems, que la force de la démonstration est souvent vaincue par la
force de l'instinct, ou par la force
d'une image ornée par la fantaisie.
L'ouvrage, dont j'ai entrepris la
traduction pour faire honneur à ma
Nation, répond, j'espère, suffisamment à ces objections, & tâche même
d'expliquer ce phénomène important.
Je ne m'arrêterai pas à faire ici l'a-
nalyse d'un petit ouvrage qu'on aura bientôt parcouru : mais je dois
dire quelque chose de son auteur. C'est
Mr. Moyse fils de Mendel, Juif
de nation, & Négociant. Si je
n'avois à observer vis à vis de lui
que les égards dûs à un homme de Lettres,

tres; j'apprendrois volontiers au Public, que cet Auteur sans protection, sans secours, même sans le loisir nécessaire à l'étude, poussé par la seule force du génie, dérobant au sommeil le tems qu'il donnoit aux Muses, s'est lié d'une amitié si intime avec elles, que sans compter l'estime générale qu'elles lui ont procurée en Allemagne, elles l'ont fait couronner depuis peu par l'Académie de Berlin.

Mais l'amitié m'empêche de lui rendre un témoignage, qui pourroit être suspect de partialité dans ma bouche: Cependant ce que d'autres ne peuvent pas dire, faute de le savoir, je le dirai. Cet auteur n'a jamais écrit de satyres contre les riches; mais il a méprisé une occasion, que mille autres auroient saisie, de se procurer des richesses. Il n'a jamais dit des injures aux Grands de la Terre; mais il n'a pas même tâché d'en être connu. Si cet homme de bien, philosophe & savant, parvient à un age avancé, Berlin aura aussi son Abauzit. *

Un homme célébre a revû le style de ma traduction, uniquement pour faire plaisir à moi étranger, qu'il ne connoissoit pas. J'ai donc le bonheur de pouvoir ici temoigner ma reconnoissance à l'homme bienfaisant, avec le même empressement, que j'aurois eû à assurer de mon estime l'homme de Lettres. C'est le plus précieux avantage pour celles-ci, quand leurs partisans se font connoitre & estimer du côté des mœurs. On n'entend presque parler que de gens d'esprit,

---

* Vieillard, dont la modestie lui cache à lui même l'étendue de son savoir, qu'elle fait d'autant mieux sentir à ceux qui la connoissent.

prit, mais des savans humains, prévé-
nans; des savans, qui mettent en pratique ce qu'ils ont appris, Genève en
a plus d'un.

RECHER.

RECHERCHES
SUR LES
SENTIMENS MORAUX.

'A1 tâché de découvrir dans mes
Lettres fur les Sentimens la
naiffance de la *volupté pure*,
& j'ai trouvé, que cette volupté décou-
loit de *trois* fources, du *plaifir des
fens*, de la *beauté* & de la *perfeClion*.
Toutes les trois procurent une volupté
pure à l'ame, entant qu'elle regarde
leur poffeffion ou comme une perfection *d'elle même*, ou comme une perfection de *fon corps*. Quant aux *Senti-*

A   *mens*

mens mixtes, ils fourniffent aux réflexions du fage un champ fi riche,
que le peu que j'en ai fait faire
là-deffus à mes Philofophes vers la
fin de mes *Lettres*, ne paroitra fûrement pas fuffifant. Du mèlange tout
fimple du plaifir & du déplaifir naiffent des efpèces innombrables de fentimens, qui, tous différens les uns
des autres, fe font encore diftinguer
extérieurement comme tels, par les
différentes marques qu'ils portent. Telle eft la nature de notre ame : Lorfqu'elle ne peut pas démêler deux fentimens, qui lui naiffent à la fois, elle
en compofe un *Phènomène*, qui per-
dant jufqu'à la moindre reffemblance
avec fes parties compofantes, fe pré-
fente alors fous un tout autre afpect.
Qu'on change pourtant la moindre
circonftance dans les fentimens fim-
ples ; le Phénomène fe reffentira de
ce

ce changement & paroîtra sous une nouvelle face. Choisissons un exemple : la *compassion* est un sentiment mixte, composé de l'amour que nous avons pour un Etre, & du déplaisir, que nous cause son malheur. Les émotions, par lesquelles la compassion se fait connoître, diffèrent des symptômes simples de l'amour, aussi bien que de ceux du déplaisir, car la compassion est un Phénomène. Mais ce Phénomène sera-t-il toujours le même à nos yeux ? Changeons seulement la modification du *tems* par rapport au malheur de l'Etre, qui excite notre pitié, & celle-ci se fera d'abord connoître par des marques entiérement différentes. Nous sentons pour *Electre*, qui baigne de ses larmes l'urne d'un frére chéri, une compassion attristante, parce qu'*Electre* croit son malheur déja achevé, &

se

se lamente sur la perte, qu'elle s'imagine d'avoir faite.

Ce que nous sentons à la vuë des douleurs de *Philoctète*, est bien encore de la compassion, mais d'une nature un peu différente ; car les tourmens, que soufre cet homme vertueux, sont des tourmens présens, & lui surviennent à nos yeux.

Mais quand *Oedipe* est saisi de frayeur à la découverte soudaine du triste mystère ; quand *Monime* est troublée en voyant pâlir le jaloux *Mithridate* ; quand la vertueuse *Desdemone* tremble pour sa vie, en entendant la voix menaçante de cet *Othello*, de qui elle n'avoit jamais entendu que les expressions les plus tendres : que sentons-nous alors? de la compassion ; oui, mais une frayeur *compatissante*, une crainte *compatissante*, une terreur *compatissante*. Les émotions qu'on nous cause, sont dif-

féren-

férentes ; la nature des sentimens est la même dans tous ces cas - là ; parce que l'amour, qui nous porte toujours à nous mettre à la place de l'objet aimé, nous oblige aussi à partager avec lui toutes sortes de souffrances ; & c'est ce qu'on appelle très énergiquement de la *compassion*.

Nos habiles Critiques auront - ils encore raison, lorsqu'ils divisent les passions tragiques en *terreur* & en *pitié* ? Pitié & terreur ! comme si la terreur tragique étoit différente de la pitié. Qu'on me dise donc, pour qui le spectateur s'effraye, lorsqu'il voit *Mérope* prête à enfoncer le poignard dans le sein de son propre fils ? Ce n'est pas pour lui - même, c'est pour *Egisthe*, dont la conservation l'intéresse vivement ; c'est pour une mère, qui, trompée par de fausses apparences, le prend pour le meurtrier de son fils.   A 3   Ex-

Expliquons nous toutesfois ; si l'on ne veut entendre par *pitié*, que ce déplaisir que le malheur d'autrui cause à toute ame sensible, on sera obligé d'en distinguer non seulement la terreur, mais encore toutes les passions, qui nous sont communiquées par d'autres.

Je trouve aux sentimens mixtes une qualité, qui n'est propre qu'à eux ; c'est, de se graver plus profondément dans l'ame & de s'y conserver plus longtems, que la volupté pure ; à laquelle d'ailleurs ils sont inférieurs du côté de l'agrément. Tout ce qui n'est qu'agréable, nous rassasie bien-tôt & amène à sa suite le dégout. Nos désirs s'étendent toujours plus loin que la jouissance ; & l'ame n'y trouvant point de satisfaction complette languit après le changement. D'un autre côté le désagréable

ble mêlé à l'agréable enchaine notre
attention, & nous empêche d'être raf-
fafiés trop tôt. Confultons l'expérience par rapport au goût fenfiel. Une
faveur douce nous fait naitre bien-tôt
du dégout, quand il ne s'y trouve
abfolument rien de piquant. Hé
bien, l'Expérience nous permet d'é-
tendre plus loin la remarque en l'ap-
pliquant aux paffions de l'ame. La
colère & la triftelfe font certainement
beaucoup moins agréables, que la
gaieté folâtre & l'enjouement. Les
premières auront pourtant pour un
homme, qui croit être en droit de s'y
livrer, un charme fi inexprimable, qu'il
lui faudra plus qu'une réfignation ftoïque
pour y renoncer. Rien ne délecte tant
un homme irrité, que fon emporte-
ment; rien n'eft fi doux pour un homme, qui pleure la perte d'un ami,
que la folitude; c'eft dans fon fein

uni-

uniquement, qu'il peut jouir, fans être importuné, des charmes de fa triftesse. Mais cette triftesse n'est-elle pas, de l'aveu de tout le monde, un mélange de fentimens agréables & défagréables ? Or il ne feroit pas difficile de démontrer la même chofe de la colère.

Analyfons les ingrédiens de la colère. Ce font le chagrin d'une injure reçuë & le défir de fe venger. Ces idées fe combattent dans une ame irritée, & caufent des émotions oppofées, felon que l'une ou l'autre prend le deffus. Quelquesfois le fang paroit s'être repandu tout entier dans les parties extérieures du corps ; les yeux fortent de la tête, ils s'enflamment ; l'on rougit ; l'emporté frappe des pieds, il fe débat ; il tempête ; voilà les marques du defir dominant de fe vengér. Quelques

quesfois tout fon fang retourne vers
le cœur ; le feu terrible de fes
yeux s'éteint ; les yeux s'enfoncent,
le vifage pâlit ; les bras & les pieds
pendent fans force & fans vigueur :
voilà les marques les plus infailli-
bles du chagrin dominant de l'injure
qu'on a reçuë. Un de nos Poëtes
nous a peint avec bien de l'énergie ce
combat de fentimens, qui fe livre
dans l'ame d'un homme en colère.

» Il faut dans cet inftant même ou
» qu'il tombe évanoui, ou que fon
» fang glacé s'échauffe tout d'un coup
» & l'anime de nouveau avec véhé-
» mence. Son fang fermente, s'élève,
» & pouffé par fon cœur palpitant &
» enflé, fe répand dans fes traits dé-
» figurés. Il fe léve brufquement, s'a-
» vance avec fierté, & la fureur le
» faifit. «

S'il eft donc vrai, que la colère foit

A 5 tou-

toujours accompagnée du défir de se
renger : l'ame irritée, aimant dans
la chaleur de fa paffion la ven-
geance comme fon unique bien, fe
repaîtra de cette idée avec plaifir, &
prêtera difficilement l'oreille aux fages
confeils de la raifon. Ainfi, la colère étant du nombre des fentimens
mixtes, l'on comprend le charme fuprême, que l'ame irritée y trouve.

L'Infini, que nous confidérons comme un Tout, fans être pourtant en
état de l'embraffer, excite de même
en nous un fentiment mixte de plaifir
& de déplaifir. Cette contemplation
nous fait d'abord friffonner; fi nous
la continuons, nous en fentons une
efpèce de trouble. Que cet Infini foit
étendu ou non-étendu, continu ou
non-continu, le fentiment eft dans
tous les cas le même. L'océan, une
plaine immenfe, la multitude innom-
bra-

brable des aftres, l'éternité du tems, une hauteur ou une profondeur exceſſive, un grand génie, de grandes vertus, que nous pouvons bien admirer, ſans pouvoir atteindre ; tous ces objets, qui pourra les contempler, ſans reſſentir des friſſonnemens ? qui pourra en continuer la méditation, ſans éprouver un trouble délicieux ?

Ce ſentiment eſt compoſé de plaiſir & de déplaiſir. La grandeur de l'objêt nous donne du plaiſir ; mais l'impuiſſance, où nous nous trouvons d'arriver à ſes limites, mêle à ce plaiſir une ſorte d'amertume, qui ne le rend que plus piquant.

Remarquons pourtant cette différence. Qu'un grand objêt ne nous offre rien que d'immenſe, mais ſans aucune variété ; tel qu'eſt le calme de la mer, une plaine ſtérile, que rien

ne coupe : le trouble se change bien-
tôt en une espèce de dégoût, causé
par l'uniformité de l'objêt ; le déplaisir prévaut, & nous force d'en détour-
ner nos regards. La Théorie des sentimens s'accorde parfaitement avec
ces observations, & l'expérience, que
nous en faisons tous les jours, les
confirme.

Mais que d'un autre côté les grands
objêts renferment quelque variété; qu'ils
soient aussi parfaits que diversifiés ;
comme sont l'immensité de l'univers, la
grandeur d'un génie digne de notre
admiration, l'élevation des vertus su-
blimes : alors le déplaisir, qui accompagne leur contemplation, dérive de
notre foiblesse. L'ame sentant une
volupté, qu'elle ne sauroit exprimer,
est souvent fatiguée, jamais rassasiée.
Quels sentimens célestes, que ceux que
nous éprouvons subitement, lorsque
nous

nous nous élevons à méditer sur les perfections immenses de l'Etre suprême!
Notre impuissance, il est vrai, ne
nous quitte pas d'un moment pendant
ce vol hardi, elle nous repousse même
dans la poussière. Mais le ravisse-
ment, dans lequel cette immensité
nous jette, & le déplaisir, que nous
avons, en nous appercevant de notre
néant, s'entremêlent si bien, qu'il en
nait pour nous un sentiment plus que
voluptueux, & que nous sommes sai-
sis d'une sainte frayeur. Nous nous
reposons pendant quelques instans, &
après nous être remis, nous ramassons
toutes nos forces, nous reïterons nos
efforts, & nous trouvons toujours la
source du plaisir aussi inépuisable qu'au-
paravant. Ici point de dégout, point
de déplaisir, qui nous viennent de la
part de l'objèt que nous considérons.
S'il y en a, ils nous viennent de nous
mê-

mêmes ; nous ferions trop heureux, fi les foibles efforts, que nous
faifons pour tâcher de comprendre les
perfections divines, n'étoient jamais
interrompus !

De ce que la contemplation des perfections divines, qui ne laiffent abfolument rien à defirer de plus, ne fauroit pourtant être feparée de quelque
déplaifir, caufé par le fentiment de
notre foibleffe, l'on en peut inférer
hardiment, qu'il n'y a point de volupté pure pour des Etres bornés.

Mais encore moins y a t - il un
déplaifir fans aucun mêlange de plaifir. *L'objet* du moins, qui nous feroit gouter la volupté pure, *exifte*;
il exifte néceffairement : mais *l'objêt*,
qui ne nous cauferoit que du dégout,
ne peut pas même *exifter*; c'eft un Etre
de raifon. Il y a plus; l'idée chimérique, qu'on fe forme de l'Etre le
plus

plus imparfait, donne même quelque plaisir. Si cela n'étoit point, nos Poëtes ne s'en serviroient pas avec autant d'avantage qu'ils le font. Il est vrai, qu'à proportion du pouvoir & des lumières, qu'ils attribuent à leur Etre chimérique, pour satisfaire à notre imagination, ils augmentent sa perversité morale : mais la raison trouve ce contraste ridicule & rougit pour l'imagination de ce qu'elle peut goûter une peinture si absurde.

Rien de mal dans la nature, pas même rien qui puisse être représenté comme mal, où il n'y ait un alliage de bon. Ainsi il n'est rien qui nous puisse causer un déplaisir absolu. Quand il s'agit de choisir, l'ame pese les perfections & les imperfections de l'objet ; & si la balance incline de ce dernier côté, c'est alors qu'elle abhorre l'objet ; qu'elle souhaite, ou qu'il n'exide pas

pour

pour elle , ou qu'elle en puiſſe prévenir l'exiſtence. Le mal exiſte-t-il , ſans que nous y aïons contribué , ſans qu'il ait été en notre pouvoir de l'empêcher : la voilà cette même ame , qui s'empreſſe à le voir , à le regarder , & à jouir du ſentiment mixte , qu'une pareille vuë lui offre. *Lisbonne* dans ſes ruïnes attiroit bien des gens , empreſſés à jouir du triſte ſpectacle que cette affreuſe déſolation leur préſentoit. L'on vit nos citoyens après le maſſacre de la journée de * * s'empreſſer d'arriver au champ de bataille , qui étoit jonché des corps de leurs freres. Le philoſophe lui-même , qui auroit donné ſa vie , ſi ce ſacrifice avoit pû prévenir le maſſacre , le Philoſophe marcha dans le ſang & ſur des cadavres pour contempler cette triſte plaine avec un plaiſir mêlé d'horreur. Ce qu'on ſent à une telle vuë , dé

mon-

montre suffisamment l'existence d'un sentiment mixte, qui, comme nous avons vû, est moins agréable que la volupté pure, mais qui ne laisse pas d'avoir pour nous des charmes inexprimables.

Si-tôt qu'on ne regarde plus le mal comme un objet offert à notre choix, un nombre considérable de motifs concourt à nous porter à le contempler. Non seulement ce qui est mal est toujours allié à quelque chose de bon, mais aussi notre imaginnation arrive de cette contemplation par les voies opposées à mille images agréables. Supposons même, si l'on veut, que ces deux ressources nous manquassent : la connoissance du mal & le vif sentiment, qui nous le fait détester, développent en nous des perfections qui ne peuvent que nous causer du plai-.

fir. Nous avons de l'éloignement pour l'imperfection, mais nous aimons à la connoître; nous fuions le mal, mais les facultés de nous en appercevoir & de le condamner nous font cheres. Or ces deux facultés font effentielles à l'ame : leur exercice nous doit donc néceffairement donner du plaifir; & à cet égard l'intuition de l'imperfection la plus complette ne feroit pas tout à fait dénuée de plaifir pour nous.

C'eft encore le charme des fentimens mixtes, qui nous fait lire avec tant de fatisfaction le recit des grands troubles & des révolutions extraordinaires. Ce feroit offenfer l'humanité que d'attribuer ce plaifir à une malignité naturelle. Voyez les enfans dans toute leur innocence: ils fe délectent à entendre le recit des évenemens terribles & des prodiges, qui les font trembler.

» * La Matrone dans un villa-
» ge ayant raſſemblé autour de ſon
» foyer ſes petits-enfans, tient en ſuſ-
» pens tout ſon auditoire par les con-
» tes qu'elle narre. Tout y eſt éton-
» nant. Ce ſont des chanſons en-
» ſorcelantes ; de mauvais eſprits
» — — des phantomes, qui marchent
» dans le ſilence de la nuit, en cli-
» quetant avec leurs chaines & en
» ſecouant la torche infernale au-
» tour du lit du meurtrier. A cha-
» que pauſe ſollemnelle qu'elle fait,
» les enfans reculent, ſe regardent
» l'un l'autre ſans pouvoir parler ;
» gla-

---

* The village - matron, round the blazing
hearth ;
Suſpends the infant - audience with her tales ;
Breathing aſtoniſhment ! of witching rhi-mes,
And evil ſpirits ; —— ——
—— —— —— Of ſhapes that walk

A₂

» glacés d'effroi ils pouſſent des ſou-
» pirs en friſſonnant.   A la fin pour-
» tant, cuᴿieux d'apprendre l'iſſuë de-
» l'évenement, ils entourent de nou-
» veau la vieille Maman, allongeant
» le col pour bien écouter, ſaiſis de
» crainte & le cœur enflé de terreurs
» agréables.

.Il faudroit être plus miſantrope que
Mandeville, pour attribuer ces diver-
tiſſemens enfantins à une joie maligne,
que ces ames innocentes éprouvent
naturellement à la vuë des malheurs
d'au-

---

*At dead of night, and clank their chains, and
wave
The torch of Hell around the murd'rers bed.
At every solemn pause the croud recoil
Gazing each other speechless, and congeal'd
With shiv'ring sighs: till eager for th'event
Around the beldame all arect they hang,
Each trembling heart with grateful terrors quell'd.*

¶ *The pleasures of imagination. Book I. v. 256*

d'autrui. Pour moi, je n'y trouve que le charme du fentiment mixte, qui à la verité par une mauvaife habitude peut produire des penchans corrompus, mais qui en foi - même eft auffi innocent, que tout autre inftinct, que nous tenons des mains de la nature.

Dans le tems, que j'écrivis mes *Lettres fur les Sentimens*, j'eus une legere idée de la nature des fentimens mixtes; mais je n'eus qu'une lueur, pour ainfi dire, de leurs effets furprenans & multipliés, jufqu'à ce que j'euffe lû un ouvrage anglois *fur le fublime & le beau*. L'auteur de cet ouvrage eft grand obfervateur de la nature; il accumule obfervations fur obfervations, qui prouvent en lui autant de pénetration que de folidité. Ce n'eft qu'en fe mettant à expliquer ces Phénomènes par la nature de notre ame, qu'il nous montre fon côté foi-

foible. L'on voit bien, que la Pfy-
chologie de nos Philofophes Allemands
lui a été inconnuë. Les expériences,
en nous montrant des parties déta-
chées & vraies d'une doctrine auffi
abftraite que celle-là, ne fuffifent
pas, pour nous faire appercevoir les
liaifons, que ces parties ont entr'-
elles. Notre auteur, regardant ce
principe ɔɔ que l'intuition de la perfec-
ɔɔ tion nous donne du plaifir ɔɔ comme
une fimple hypothèfe, fe crut obligé
de rejetter cette hypothèfe, dès
qu'une obfervation, quelque peu importante qu'elle fût, fembloit la con-
tredire. Mais tel, qui eft convaincu,
que ce même principe, qui fait la
bafe de la Théorie des fentimens,
eft une vérité démontrée & inébran-
lable, ne fe laiffe pas d'abord décon-
certer par une ou deux obfervations,
quelque contraires qu'elles paroiffent;

il

il réflechit plus mûrement, & il trouve la parfaite union, qui règne entre l'expérience & la raison, & qui, bien qu'elle soit fort souvent difficile à trouver, n'en existe pas moins. Je n'ose pas me flatter d'avoir donné les raisons psychologiques de toutes les observations de mon Auteur : nos sentimens ont des profondeurs, où ma vue trop courte & trop foible ne porte pas. Puissé - je exciter par mon Essai un esprit philosophique à entreprendre un travail de cette importance! Mon ami doit au public Allemand la traduction de cet excellent ouvrage avec ses notes & ses additions, qu'il lui a promises. L'en ferai - je encore long tems souvenir ?

En réflechissant sur le mêlange prodigieux des sentimens agréables & désagréables, qui sont entrelacés avec beaucoup plus de finesse que le tissu

des

des fibres les plus déliées du corps humain, on est bien surpris de rencontrer des Philosophes, qui ont entrepris de supputer les sommes des sentimens agréables & désagréables dans la vie de l'homme. Rien de plus aisé que cette supputation, suivant l'Auteur, qui nous a donné un *Essai de Philosophie Morale.* Le produit de la force d'un sentiment agréable par sa durée, il le nomme la *quantité du bonheur*, & la somme de ces quantités-là, il la nomme *le bonheur de l'homme*; dont il soustrait la *somme* des quantités des sentimens *désagréables.* Si je ne me suis pas trompé dans l'exposition de la Théorie de cet Auteur, dont je n'ai pas à présent l'ouvrage entre les mains, on trouvera, que rien ne sauroit moins soutenir un examen rigoureux que la pensée de cet Ecrivain. Il lui faut

de

deux suppofitions, pour donner du fondement à fa fupputation, & malheureusement ces deux suppofitions font contraires à la raifon & à l'expérience.

Il faut pofer d'abord, que tous nos fentimens nous donnent ou une volupté pure ou un déplaifir fans mélange : il faut pofer ensuite, qu'absolument tout déplaifir diminue la fomme du bonheur. Eft-il encore befoin de refuter de pareilles chimères ?

Quelques-uns de ces philofophes, qui fe croyent fort favants fur la mefure & fur le poids des fentimens, ont fort approuvé *l'opinion*, qu'il y-ait *plus de malheur* que de *bonheur* dans la vie humaine; & la raifon? c'eft qu'on entend plus fouvent *pleurer* que *rire*. Il faut afsûrément avoir beaucoup plus *ri* que *réfléchi* dans fa vie, pour foutenir ferieufement une

B pa-

pareille opinion. Il est d'abord faux, que les larmes soient toujours une marque de malheur ; & il est tout aussi faux, qu'on soit toujours heureux quand on rit.

Ces deux émotions de l'ame paroissent au premier coup d'œil directement opposées l'une à l'autre ; elles ont cependant dans le fond la même origine : à peu près comme le noir & le blanc nous paroissent deux extrêmes, quoiqu'ils se touchent de bien près dans la nature. N'en soyons pas surpris : c'est-là une chose commune à tous les Phénomènes ; & les émotions de l'ame sont de ce nombre. Il sera donc peu sûr par rapport à elles de conclurre de ce qui *paroit*, à ce qui *est*.

Lorsqu'on pleure, l'on a un sentiment mixte de plaisir & de déplaisir. Ce mélange nait de l'intuition du con-

traste

traſte produit par une perfection &
une imperfection, qui toutes deux
nous touchent de près. De là vient
que nous pleurons, quand nous nous
ſentons de la compaſſion pour quel-
qu'un. Car la *compaſſion* elle-même
eſt fondée ſur le contraſte, qu'il y a
entre les perfections *morales* & les
imperfections *phyſiques* d'une même
perſonne. De-là vient encore, que
nous pleurons, *ou* quand nous nous
ſentons heureux pour le préſent, &
que nous nous rappellons vivement
le malheur paſſé: voilà les *larmes de
joie*, *ou* quand nous ſommes malheureux & que nous nous ſouvenons du
bonheur paſſé, & voilà proprement
les *larmes*, que nos Philoſophes prennent pour les *indices* du *malheur*. Pré-
jugé! lorſque le chagrin que cauſe le
malheur préſent eſt ſi grand, ſi vif,
qu'il comme ſeul dans l'ame après

avoir

avoir opprimé toutes les idées affo-
ciées, qui s'y trouvoient en même
tems: plus de larmes alors; les yeux
font fecs; les regards petrifiés; nous
nous tenons immobiles, fans pouvoir
pleurer. Ce n'eft que lorfque les
idées, qui avoient été opprimées, fe
relevent dans l'ame, lorfqu'elles re-
prennent de la vigueur, lorfque nous
fommes en état de faire la comparai-
fon entre le malheur préfent & le bonheur paffé; ce n'eft qu'alors que nous
nous attendriffons; le cœur fe foula-
ge, & les yeux, qui paroiffoient
roidis, s'amoliffent pour verfer des
larmes mille fois plus délicieufes, que
les plaifirs des fens les plus piquans,
que les joies les plus brillantes. Il
n'en faut fûrement pas] davantage
pour démontrer, qu'on a un fentiment
mixte, quand on pleure, & qu'on
n'eft pas toujours malheureux, quand
on

on eſt parvenu à pouvoir verſer des larmes.

Mais ſe tromperoit-on de même ſi l'on concluoit, qu'un homme, qui rit, eſt heureux ? Voyons. Le rire ſuppoſe bien encore du contraſte entre une perfection & une imperfection ; il faut *ſeulement, que le contraſte*, qui en réſulte, n'ait pas des ſuites fâcheuſes & ne nous intereſſe que peu, ſi l'on veut que nous puiſſions en rire. Les folies des hommes, qui tirent à conſéquence, excitent en nous des larmes de compaſſion ; il n'y a de folies ridicules, que celles qui ne deviennent pas dangereuſes. Or un pareil *contraſte* eſt préciſément ce que nous nommons *abſurdité;* l'on a donc raiſon de dire, que le ridicule en ſuppoſe toujours une. Chaque défaut d'harmonie entre les moyens & la fin, entre la cauſe & les effets, en-

tre

tre le caractère d'un homme & sa conduite, entre la pensée & la façon de l'exprimer ; en général, toute opposition, qui se trouve entre ce qui est *grand*, *respectable*, *magnifique*, *important*, avec ce qui est *petit*, *méprisable*, *frivole*, *trivial* : voilà ce qui nous paroit *ridicule* ; pourvû qu'encore une fois nous n'y soïons pas interessés, & que les suites, qui pourroient naitre d'une telle opposition, ne nous affectent point.

L'ancien philosophe, qui entrant dans un temple magnifique de l'Egypte, au lieu de la *Divinité* qu'il y cherchoit, ne découvrit à la fin qu'un *singe*, placé sur un autel, & en honneur duquel cet édifice superbe avoit été construit, en aura sans doute bien ri d'abord ; mais réflechissant ensuite sur les tristes conséquences de cette ignorance stupide, il n'aura plus trou-

vé

vé l'objet rifible , il l'aura trouvé ré-
voltant.

Le fpectateur , qui ne s'apperçoit
pas encore des fuites dangereufes des
tours , que *Tartuffe* joüe à un im-
becille , en rit d'abord ; mais fi-tôt ;
qu'il voit l'impofteur à découvert , &
le malheureux , qu'il a dupé , en danger : l'humeur enjouée eft changée en
horreur pour l'un & en compaffion
pour l'autre.

Ce n'eft pas tout : tel trait paroitra
ridicule à l'un & affligera l'autre , felon l'interêt , que l'un & l'autre pren-
dra au fort de celui , que le trait regarde.

Les folies de nos amis nous affligent ;
celles de nos ennemis d'ordinaire nous
rejouiffent ; celles des perfonnes , qui
nous font indifférentes , nous font rire.

Le *rire* eft donc une émotion par-
ticulière , qui accompagne une efpèce

de

de sentiment mixte, mais qui confide-
rée en elle-même est auffi peu nécef-
faire à notre bonheur, que le font les
friffons, qu'on reffent à l'intuition
d'une grandeur immenfe. *Héraclite*,
qui pleuroit fans ceffe les folies des
hommes, étoit peut-être plus heureux, que *Démocrite*, qui en rioit
toujours.

Les notions fauffes, qu'on s'eft formées fur la mefure du bonheur, &
diverfes autres erreurs, qu'on a in-
troduites dans la *Philofophie fpéculative*, font les fruits de *l'Epicuréifme
épuré*, que quelques Philofophes de
nos jours ont retiré de la pouffière.

Le *bien fuprême*; la *fin*, où tous
nos fouhaits aboutiffent; le *but*, où
tendent nos inclinations, nos defirs,
nos penchans on le place dans le
fentiment agréable, au lieu de le faire
remonter plus haut, & de le chercher,

cher, ou avec le *Stoïcien* dans la *con-formité avec la nature*, ou avec les *Philosophes modernes* dans *l'inflinct primitif pour la perfection.*

Ce n'eft pas que nous prétendions nier, que chaque action bonne, chaque action vertueufe foit accompagnée d'un fentiment délicieux, fentiment mille fois plus doux, que toute volupté fenfuelle. Ainfi l'on pourra fort bien dans la *Philofophie pratique* fouffrir ce *principe du fentiment agréable,* fans en craindre du danger; on pourra même s'en fervir, pour infpirer aux hommes *l'amour du bien,* en aiguifant leur fenfibi'ité, & en leur infpirant le gout d'une *volupté épurée.*

Mais n'introduifons point ce *principe* dans la Théorie, où il pourroit engendrer de fauffes conféquences. La force de notre ame, celle de tous les Etres fpirituels, eft dirigée de fa na-

ture

ture même, vers le bon, vers le parfait; & le choix, qu'un Etre libre fait, ne sauroit avoir de raison suffisante, que dans la perfection réelle ou imaginaire de l'objêt choisi. *

Voi-

---

* Qu'un Etre soit doué de telle ou telle faculté: l'exercice de cette faculté sera conforme à sa nature & par conséquent *agréable* à cet Etre. Un Etre qui peut former des perceptions, en formera avec plaisir. Un Etre qui pourra former des perceptions fondées les unes sur les autres, & arrangées pour faire un ensemble, enfin, des pensées raisonnables, trouvera du plaisir à en avoir. Or la perfection consiste dans cet arrangement des parties en vertu duquel elles ne composant qu'un seul Tout, & nous disons que ce Tout est un; ainsi chaque Etre doué de raison, aime par sa nature même à se représenter la perfection. Cet attrait du plaisir détermine la volonté; notre choix est donc toujours fondé sur la perfection.

Voilà des verités démontrées par nos Philosophes, des verités, que j'ai prouvées suffisamment dans une de mes Lettres. Ainsi la perfection a toujours un rapport de convenance avec la nature d'un Etre libre. Il revient par conséquent au même de placer *le bien suprême*, le *primum naturale*, le *point*, où tous nos desirs aboutissent, de le placer, dis-je, ou dans la *perfection* ou dans la *conformité avec la nature*: mais pour éviter toute méprise, l'on doit expliquer nettement ce qu'on entend par cette conformité avec la nature.

Quant au *sentiment agréable*, c'est *l'effet* de la perfection; c'est un don du ciel, inséparable de la connoissance & du choix du bon: mais il ne sera pas difficile de le décomposer en *instinct primitif* pour la perfection.

En effet, qu'est-ce que ce sentiment

B 6

agré-

agréable ? C'est l'apperception claire, mais toujours confuse, de la perfection. Donnons toute notre attention à ceci. Cette apperception est alors accompagnée d'un plaisir sensuel, d'une sensation du bien-être corporel, d'une tension harmonique des nerfs, & par-là notre ame s'apperçoit encore confusément de la perfection de *son corps*.

Concluons donc, que tout se réduit *enfin* à cet *instinct* primitif pour la perfection : car on se flatteroit en vain d'avoir découvert le principe premier d'un Phénomène, lorsqu'on n'est pas remonté à la source : & cette source c'est l'essence. Mais nous avons vû, que ce qui est fondé immediatement dans l'essence d'un Etre spirituel, ce n'est pas le *sentiment agréable*, c'est la *perfection* ; c'est donc elle aussi, qu'on doit nommer *le bien* su-
près

prême, ou la raison suprême de toutes les actions libres.

Il-y-a des gens, qui s'attachent à attaquer & à décrier tous les principes, qu'on établit en Philosophie. Ils ne manqueront pas de nous dire, que nous faisons ainsi de l'homme un Etre petit, intereffé, rétréci. Quoi ! faire remonter tout à soi & à sa perfection ! mais les gens senfés se moquent d'un reproche, qu'ils sentent bien n'avoir pas mérité.

En effet, c'est donner dans la chimère de quelques Enthoufiaftes, qui se faifoient un fcrupule du plaifir qu'ils fentoient en aimant Dieu, parce qu'ils craignoient que leur amour pour l'Etre suprême ne devint par-là intereffé.

Il faut ignorer la nature de *l'amour* auffi bien que celle de *l'interêt*, pour approuver de pareilles rêveries.

Quoi !

Quoi! j'aime donc mon ami par
intérêt, moi, qui regarde son bien-
être comme le mien; moi, qui envisage tout le bien qui lui arrive,
comme s'il arrivoit à moi-même?
J'agis donc par intérêt vis-à-vis de
ma patrie, moi, qui fais de sa prof-
périté une partie de la mienne; moi
qui pense travailler à ma perfection,
en avançant le bonheur de ma patrie?
L'on s'imagine donc, que le *principe de la perfection* me permet de me
concentrer en moi-même & de faire,
de tout ce qui m'entoure, un triste
défert? Comme fi un monde, dans
lequel un Etre penfant pourroit s'ifo-
ler, étoit poffible ! comme fi, de con-
tribuer au bonheur de mon prochain,
d'imiter Dieu, & de rendre plus parfait (à proportion de mes facultés &
de mon pouvoir) tout ce qui m'envi-
ronne; comme fi la facilité acquife
dans

dans l'exercice de la vertu, comme si, dis-je, tout cela ne faisoit pas la vraie perfection d'un Etre pensant !

Cet amour vif de la perfection engendreroit-il donc dans nos ames l'envie, la dureté, la misanthropie ? nous rendroit-il donc aussi méchans que le sont les esclaves de l'avarice & de l'ambition ?

Ne nous y méprenons pas ; ce sont ces dernières, qui sont interessées ; elles ne sauroient vivre sans cet interêt destructeur ; elles s'affoibliroient en se communiquant : de même que la chaleur, quand le feu, qui la nourrissoit, est éteint, s'affoiblit en passant dans les objets environnans.

Mais l'amour de la vraie perfection est une flamme céleste, qui s'allume de plus en plus, à mesure qu'elle s'étend. Cet instinct, qui fait, que nous nous communiquons réciproque-

ment,

ment, & que nous multiplions le
bien dont nous jouiſſons, eſt auſſi
naturel * à l'ame, que celui, qui fait
que

---

* Un homme qui réflechit, trouve aiſé-
ment l'impoſſibilité de poſſéder un bonheur
excluſif. Il ne ſauroit détruire celui de ſes
freres ſans porter un coup mortel au ſien.
Mais il ne s'agit pas ici de ce que la réflexion nous montre, il s'agit de ce que l'inſtinct nous indique. Cet inſtinct fait-il un principe à part, ou eſt-ce que toutes nos affections
coulent d'une même ſource? Voici ce que je
penſe là-deſſus. Les prémières impreſſions
que nous recevons des objets extérieurs, nous
ſont agréables, parce qu'elles exercent notre
faculté de ſentir. Le plaiſir qui en réſulte
pour nous, doit donc nous porter à le pro-
longer & à conſerver des êtres, qui ſont les
cauſes d'un effet que nous trouvons délicieux. C'eſt le premier mouvement de notre
ame après la ſenſation. Plus la ſtructure de
ces

que nous veillons à notre conservation. Nous devenons plus parfaits
quand tous ceux, qui font autour de
nous, le deviennent; nous nous fentons plus heureux, & nous le fommes en effet; quand nous pouvons
rendre heureux tous ceux qui nous
environnent.

L'amour, l'amitié ne fauroient fe
trouver, où cette multiplication bien-
faifante de foi-même n'a pas lieu.
L'amour eft la difpofition de l'ame à
fe délecter du bonheur d'un autre;
c'eft-à dire, fi l'on décompofe en
leurs

---

ces Etres approche de la notre; plus leur
image doit nous agréer, parce que l'ame pof-
fède toujours une idée de fa propre façon
d'êtrc. Voilà l'inftinct de bienveillance dont
les effets augmentent ou diminuent à proportion de nos connoiffances, de nos befoins &
de nos paffions dominantes.

leurs premiers Elemens les notions du bonheur & du plaifir, l'amour nous porte à confidérer les progrez d'un autre vers la perfection comme un accroiffement de notre propre perfec- tion ; &, par la raifon des contrai- res, la chûte d'un autre dans l'im- perfection comme une détérioration de notre état.

Ce fentiment ne fe fait pas remar- quer à un haut dégré dans l'amour univerfel qui s'étend à tout le genre humain. C'eft dans l'amitié, que ce penchant devient affez fort, pour nous porter à nous mettre entièrement à la place de notre ami, & à fentir ce qui le touche, comme s'il nous tou- choit nous - mêmes.

Ajax, chez *Philoftrate*, demande à *Achille*, lefquelles de fes actions hé- roiques avoient failli de lui être les plus dangereufes? Celles, dit-il, que j'avois

j'avois entreprifes pour mes amis.
Mais lefquelles, continue *Ajax*, t'ont
été les plus aifées ? Les mêmes, re-
plique *Achille*. Celui - là demande
encore : laquelle de tes bleffures t'a
caufé les plus violentes douleurs ? Celle qu'*Hector* m'a faite. *Hector* ? Je
ne fache pas, qu'*Hector* t'en ait jamais fait ! Ah ! oui, la plus mortelle :
Il a tué mon ami *Patrocle*.

Bien loin de détruire l'interêt mu-
tuel des Etres moraux, ou de l'affoi-
blir le moins du monde, le principe
de la perfection eft plûtôt la fource
de la fympathie génerale, de la con-
fraternité, fi j'ofe me fervir de cette
expreffion, qui lie les Etres fpirituels. Et en effet, ils font fi bien
enchainés les uns aux autres par leurs
interêts tant propres que communs,
qu'on ne fauroit plus les féparer fans
les anéantir. Les chofes inanimées
mê-

mêmes ne peuvent devenir plus par-
faites, fans ajouter par-là un Element
de bonheur au regne des Efprits. Cet
Element fe multiplie à l'infini par la
part qu'on y prend. C'eft un feu,
qui s'allume de plus en plus en fe
communiquant. Car, fi *penfer* & *vouloir* conftituent l'effence d'un efprit,
plus les *idées*, qu'un Efprit fe forme,
& les *objets*, dont il les forme, fe
perfeCtionnent : plus il fe perfeCtion-
nera lui-même, & fon bonheur croî-
tra à proportion de ce que par des
aCtes de fa volonté il aura augmenté ou multiplié les perfeCtions des objets, qui l'entourent.

Dans le gouvernement de Dieu,
gouvernement toujours fage & toujours harmonique, la grande fin, où
la politique humaine tend fans ceffe,
favoir, de faire travailler chaque
membre de l'état pour le bien public,

blic, tandis qu'il ne croit travailler, que pour fon propre bien-être, cette grande fin, dis-je, fe trouve là complettement; car nul être intelligent ne peut avancer fon véritable bonheur, fans devenir par-là le bienfaiteur de l'univers: tant les liens, qui uniffent les intérêts particuliers à l'intérêt general, font étroits & indiffolubles.

Encore les rebelles dans ce gouvernement ne fauroient-ils éviter le fort, qu'on devroit leur fouhaiter toujours-dans les établiffemens humains. Et quel eft-il ce fort? En féparant par une mauvaife politique leurs avantages particuliers du bien public, & en rompant de leur part les liens, qui les uniffoient comme parens à tous les autres membres, ils détruifent leur propre bonheur; & cette *féparation morale* eft fuivie de la

mort

mort *morale*. Qu'on se représente la situation d'une ame, où les pensées suivantes peuvent naitre.

» * Que la main de la nature n'en-
» chaine plus les vagues fougueuses !
» que l'ordre expire, & que le mon-
» de ne représente plus une scene,
» où la Discorde se traine jusqu'à la
» fin d'un acte languissant. Mais que
» l'esprit de Caïn regne dans tous les
» cœurs, que tous ne soupirent,
» qu'après des évenemens sanglans ;
» que la cruelle scene finisse bientôt
» &

—— —— —— *Let not Nature's hand*
Keep the wild food confin'd! Let Ordre die,
And let the world no longer be a stage
To feed contention in a ling'ring Act;
But let one spirit of the first-born Cain
Reign in all bosoms; that, each heart being set
On bloody courses, the rude scene may end
And Dark'ness be the burier of the dead;

» & que la main de l'obscurité ense-
» velisse les morts. « Et cependant le
malheureux , qui concentre le plus
son cœur en lui · même , est prêt à
pousser ces horribles imprécations.
Qu'on lui accorde ce qu'il desire tant
d'obtenir, qu'on lui accorde le pouvoir de se sequestrer de tout le monde , & de dissoudre toutes ses liaisons :
il répetera alors de sang - froid toutes les imprécations du furieux *Nor-
thumberland* , & finira par la courte
prière de l'ancien Esclave :

Unum me surripite morti.

Mais qui ne voit que la *haine* contre *toutes* les créatures aussi bien que
la *haine* contre *soi - même* ne sauroient
jamais s'accorder avec la regle *generale* de la *perfection*. Cette loi uni-
verselle , ce nerf du bonheur parcourt
toutes les parties de la création ; il
s'épanouit dans la rose ; il se meut

dans

dans l'infecte, il penfe, veut & fe fent heureux dans l'homme.

La perfection conftitue l'Effence de Dieu, elle eft le plan de la création, la fource de tous les évenemens naturels & furnaturels, le but de nos defirs & de nos fouhaits, la regle de nos actions; elle eft le premier principe dans la Morale, dans la Politique, dans les belles Lettres * & dans les

---

* Nous connoiffons très bien en Allemagne le principe que Mr. *Batteux* nous a voulû donner pour le premier en fait de belles Lettres & de beaux arts: mais nous n'avons pas encore pû parvenir à nous perfuader, que les fentimens, que l'agitation de l'Enthoufiafme exprime au Poëte, & dont l'enfemble reüni fous un feul point de vuë conftitue l'Ode, puiffent être regardés comme une fimple imitation de la nature. Moins raffinés & moins
fquina

les beaux-arts. C'est le soleil, qui éclaire tout le système des sciences; ôtez-le; les ténèbres & la confusion se répandront sur tout.

Autrefois, que *chaque phénomène* avoit dans les systêmes de Philosophie *son principe à lui,* l'on croyoit de même ne pouvoir autrement expliquer les *phénomènes moraux,* qui sont si

sou-

---

quinteffenciés peut-être lorsqu'il s'agit d'exprimer les mouvemens de notre cœur, nous croyons que le Poëte peut fort souvent faire parler la nature même, sans être reduit à l'imiter seulement. L'architecture de même nous paroit fort peu tenir à l'imitation de la Nature. En effet, je ne sais ce qu'elle en imiteroit. Nous avons donc jugé convenable de remonter plus haut pour trouver un principe universel, d'où découleroient toutes les regles du *beau,* lequel n'est autre chose que la perfection mise à la portée de l'imagination.

C

souvent en contradiction l'un avec l'autre, qu'en attribuant *deux ames* à l'homme, dont l'une le portoit vers le *bien*, & l'autre vers le *mal*. Voilà donc ces deux ames, qui, comme les deux Divinités de *Zoroastre*, devoient se disputer l'empire sur l'homme; & celui-ci devoit dépendre de leurs victoires, pour être élevé à la vertu ou pour être plongé dans le vice.

Plusieurs Philosophes, qui reconnoissoient bien l'absurdité qu'il y a d'admettre une Divinité infiniment méchante, ne voyoient pas le même inconvénient à admettre ou à adopter le système d'une ame complettement méchante; ils y étoient même portés, parce qu'ils s'imaginoient de pouvoir s'en servir fort commodément pour expliquer l'origine du mal moral.

Je ne sais, si nous devons mettre

Xenophon dans la même claſſe ; ou ſi
Arape, qu'il met ſur la ſcene, & qui,
ayant ſuccombé preſque malgré lui à
un amour criminel, en étoit pénetré
de repentir, n'exprime pas les véri-
tables ſentimens de l'hiſtorien, lorſ-
qu'il dit à *Cyrus* :

» Mon Prince, à préſent je ſuis
» parfaitement convaincû d'avoir en
» moi deux ames, directement op-
» poſées l'une à l'autre. L'amour, ce
» malicieux ſophiſte, m'a enſeigné
» ce dogme de Philoſophie. Car on
» ne me perſuadera jamais, que *la*
» *même ame* puiſſe être à la fois
» *bonne & méchante, vertueuſe & vi-*
» *cieuſe,* enfin en contradiction avec
» elle-même. Non, il faut qu'il y
» en ait deux. Si c'eſt la méchan-
» te ame qui domine, nous agiſſons
» malhonnêtement ; ſi c'eſt la bonne,
» nous agiſſons honnêtement. Je

» l'ai

» l'ai éprouvé, moi. Lorsque contre
» mon devoir j'avalois le poiſon d'un
» amour illicite, & que j'étois ſur le
» point d'employer même la force
» pour arriver à mon but; c'étoit
» ſûrement la méchante ame, qui
» régnoit alors en moi deſpotique-
» ment. Aidée de vous, mon Prin-
» ce, l'ame vertueuſe a repris le
» deſſus. Je ne ſuis plus le même
» homme que je fûs. J'ai d'autres
» ſens, une autre raiſon, une autre
» volonté. Je ſuis libre, & m'éloi-
» gne volontiers d'un objet, qu'au-
» paravant j'aurois quitté avec beau-
» coup plus de peine, que la vie
» même.

Il faut l'avouer, le ſophiſte malicieux a enſeigné une vérité très importante à *Araſpe*; car celui-ci, quelque tems avant que d'avoir reçu
cette leçon, avoit ſoûtenu contre *Cy-*
rus,

rus, que par rapport à *l'amour* & à la *haine*, la *volonté* de l'homme étoit abfolument libre, & que quiconque avoit pris la ferme réfolution de ne pas aimer, ne s'expofoit pas à la moindre tentation, en liant commerce avec une belle femme, & en lui rendant tous les fervices, que l'amitié peut rendre.

Comme cette fiction ingenieufe eft très propre à répandre du jour fur la doctrine de la *liberté immédiate & médiate*, il me fera permis, j'efpère, de mettre ici une partie de la converfation qui s'étoit paffée entre *Cyrus* & *Arafpe*.

Cyrus refufoit de voir la belle captive, dont *Arafpe* vantoit tant les charmes; & plus le jeune guerrier employoit d'éloquence à exciter la curiofité du Prince, moins celui-ci fe laiffoit tenter d'aller voir une beauté fi peu commune. **C 3** fi

» Quoi, dit *Araspe* tout surpris ,
» ne pas la voir, *elle*, dont la beau-
» té surpasse tout ce que vous avez
» jamais vû ! C'est , repliqua le Prin-
» ce, précisément pour cette raison
» que je l'évite. Si la seule descri-
» ption de sa beauté avoit assés de
» pouvoir sur moi , pour me faire
» céder contre mon gré à l'attrait
» de la voir, sa vuë sûrement pro-
» duiroit encore un plus grand effet.
» Mes visites deviendroient plus fré-
» quentes , & à la fin je n'aurois plus
» de loisir pour vaquer à mes plus
» pressantes affaires. Le plus sûr
» moyen d'éviter le feu, c'est de s'en
» éloigner.

» Vous plaisantez, mon Prince,
» repartit *Araspe*. Un beau visage
» n'a pas assez de pouvoir pour *do-*
» *miner* même sur la *volonté*, & pour
» forcer l'homme à négliger ses de-
» voirs.

» voirs. L'amour n'eſt nullement de
» la même nature que le feu, par-
» ce que le feu conſume indifférem-
» ment tous les combuſtibles , au lieu
» que l'amour n'enflamme que ceux,
» qui veulent bien être enflammés.
» Nous voyons, qu'il eſt des cas,
» où nous ſommes parfaitement mai-
» tres de nous-mêmes; & ſi nous
» le ſommes en certains cas , il faut
» bien que nous puiſſions l'être dans
» tous les autres. On ne veut pas
» devenir amoureux de ſa ſœur ;
» auſſi ne le devient-on pas. Les
» loix nous le défendent : or ces loix
» ſeroient auſſi injuſtes que vaines,
» ſi elles nous preſcrivoient une cho-
» ſe, qu'il - n'eſt pas en notre pou-
» voir d'obſerver; une choſe, à l'é-
» gard de laquelle notre volonté n'eſt
» pas libre.

» Voilà, répondit *Cyrus* , une

C 4 .» con-

» conféquence , que je n'admets
» point. Nous fommes bien les mai-
» tres de *commencer* d'aimer ; mais
» de *vouloir cesser* d'aimer, c'eft ce
» qui dépend rarement de nous.
» Nous poffédons une *liberté immé-*
» *diate de vouloir* ce qui nous femble
» bon ; mais nous nous trompons
» groffièrement, lorfque nous nous
» imaginons de poffér auffi la *li-*
» *berté de trouver bon ce que nous*
» *voulons.* Non, *Arafpe*, de ce côté-
» ci notre *pouvoir* eft *limité.* Il faut
» éviter la premiere impreffion, ou
» c'en eft fait de notre liberté. N'as-
» tu jamais vû des hommes qui étoient
» Idolatres de leur liberté, avant
» qu'ils aimaffent, & qui enfuite
» étoient forcés de fervir & de ram-
» per en efclaves ? Des chaines de
» fer ou de diamant ne les auroient
» pas lié plus fortement que le firent

» les

» les chaines de l'amour qu'ils portoient.

» Ah oui! repondit *Araspe*, j'ai
» souvent entendu gémir de ces mal-
» heureux, qui si l'on veut ajouter
» foi à leurs lamentations, sont en
» effet malheureux & perdus sans
» ressource. Vous les entendez sur
» le même ton se plaindre de la vie,
» tandis qu'ils peuvent trouver tant
» de portes ouvertes pour en sortir.
» Que font-ils cependant? ils aiment
» mieux rester où ils sont. Ils ne
» manquent pas non plus de voyes
» pour échaper à leur servitude ima-
» ginaire, mais au lieu de se servir
» de ces voyes, ils préfèrent de se
» plaindre lâchement. Ces esclaves
» de l'amour poussent souvent l'im-
» pudence au point d'attenter au lit
» d'autrui, & ils ne rougissent pas
» d'employer, pour se rendre moins
» coupables, le prétexte d'une force

C 5 » irré

» irréfistible. Que font alors les Loix?
» Les traittent - elles moins rigou-
» reufement pour avoir allégué ce
» beau prétexte ? Les traitent - elles
» moins comme voleurs , comme
» perturbateurs de la fociété la plus
» étroite & la plus facrée ? Que ga-
» gnent-ils à s'excufer fur leur fervi-
» tude , & fur l'obéiffance qu'ils ne
» pouvoient refufer à leur tiran?
» Vous même , Cyrus , pardonneriez-
» vous un pareil forfait fi l'on entrepre-
» noit de l'excufer par de tels motifs?
» Non , mon Prince , n'accufons pas
» la beauté , des crimes qu'elle ne
» fait pas commettre : jamais elle ne
» fauroit nous forcer à manquer à
» nos devoirs. Les voluptueux veu-
» lent bien fe contraindre eux mê-
» mes , & ils ofent enfuite charger
» l'amour de leur faute. L'homme
» de bien, l'homme vertueux peut
» aimer

» aimer & admirer tout ce qui est
» beau, sans passer les bornes de la
» bienséance & de l'honnêteté. O Cy-
» rus! une vertu telle que la votre
» qu'a t-elle à craindre? quelle tenta-
» tion avez-vous à redouter? Vous
» le voyez, mon Prince, je suis en-
» core à moi, & j'ai vû la belle
» Captive, je lui ai même parlé; j'ai
» admiré son esprit, ses manieres plei-
» nes de noblesse, & l'air de gran-
» deur répandu sur toute sa person-
» ne: je les ai admirées autant que
» sa beauté. Et cependant je suis
» encore le même: Non, je ne tra-
» hirai jamais mon devoir. Fort
» bien, dit le Roi, soyés toujours le
» même, je confie la Princesse à
» vos soins; devenez son Protecteur
» & faites qu'elle oublie les désagré-
» mens de sa situation. Sa naissan-
» ce, son mérite, ses malheurs, tout

» follicite nôtre générofité, & nôtre
» interêt même nous en feroit une
» loi, fi des motifs p'us puiffans &
» plus nobles ne nous infpiroient.

Arafpe fatisfait fe chargea avec joye
de la commiffion du Prince. Il alloit
tous les jours voir la divine *Panthea,*
c'étoit le nom de la Princeffe, & il
ne négligea rien pour qu'elle fut bien
fervie : l'on connoit la fin de cette
hiftoire. L'eftime ne tarda pas à faire
naitre l'amitié; & l'amitié fe changea
bientot dans le cœur d'*Arafpe* en
amour, & même en amour violent.
Panthea dont la foi étoit engagée à
un Epoux le plus aimable des hommes, tâcha de guérir fon ami par
les confeils, que l'amitié donne & que
l'amour rejette. Ses remontrances,
quoi qu'accompagnées d'une douceur
qui lui étoit fi naturelle, furent in u-
tiles. *Arafpe* s'oublia un jour à un
tel

tel point que *Panthea* fut forcée d'envoyer une de ses Esclaves porter ses plaintes au Roi. Le Roi fit sur le champ appeller *Araspe*. Les Courtisans, dont la maligne curiosité avoit pénétré le mistere, triomphoient déja de la chute du favori, qu'ils croyoient inévitable. *Araspe* craignit beaucoup moins leurs regards insultans que l'œil de son Maitre. *Cyrus* toujours humain & toujours indulgent voulut épargner à un homme qu'il chérissoit encore, une partie de la confusion ; il le fit entrer dans son cabinet pour lui parler sans témoin. *Araspe* étoit couvert de honte, le désespoir s'étoit emparé de son ame : *Cyrus* en eut pitié, il entreprit de le consoler & il s'accusa lui même d'avoir donné au jeune Guerrier une commission si dangereuse & dont il avoit si bien prévû les facheuses suites. *Araspe* pénétré

tré des bontés du Prince, lui exprima sa vive gratitude de la tendre compassion qu'il daignoit lui témoigner, & qu'on est si porté à refuser aux coupables ; il entra ensuite dans les réflexions sur la nature de l'ame, qu'on a déja luës.

Il est aisé de voir qu'*Araspe* avoit mal compris la leçon que l'amour lui avoit donnée Le sophiste lui aprenoit feulement, que nôtre raison n'é oit pas *toujours* la *maitreffe* de nos affections ; que la volonté *pratique*, que la réfolution qui produit les actions, ne dépendoit pas entièrement du *J·gement* de *l'efprit* ; mais qu'il falloit qu'il y eut quelque *chofe* dans *l'ame*, qui dans certains cas l'emportât fur la raison, & fléchit fous un jong honteux la tête fiere du fage. Cette *chofe inconnue*, Araspe l'auroit dû chercher dans la nature de l'ame, mais

il

il ne devoit point en faire une fubftan-
ce *féparée*. Et comment pouvoit-il
fe mettre dans l'efprit de la nommer
une ame *méchante?* Une expérience
plus heureufe auroit pû lui aprendre,
que l'amour vertueux, l'Amour avoué
par les Loix, opére dans l'ame felon
les mêmes regles que l'amour criminel, qu'il avoit malheureufement éprouvé. Tous les deux doivent donc dé-
river du même principe. L'on feroit
auffi fondé à dire qu'il y a deux fo-
leils, l'un qui nous éclaire, l'autre qui
nous échauffe.

Platon cherchoit une autre route
pour fortir de ce labyrinthe. Comme
il voyoit fort bien que nous ne fau-
rions jamais *vouloir le mal* entant que
mal, mais que nous le défirons comme une chofe qui nous *paroit bonne,*
il en concluoit, que la *raifon du mal*
Moral fe trouvoit toujours dans un
dé-

défaut de lumieres. Les paſſions, dit-
il, ne peuvent pas nous vaincre, car
c'eſt à elles de nous perſuader, mais
non pas de nous contraindre. Pour
nous ſéduire, il faut qu'elles nous *re-
pſentent comme bon*, ce qu'elles veulent que nous *déſirions*, il faut qu'elles
faſſent leur dupe de notre *eſprit* avant
que de faire leur *eſclave* de notre *volonté*.

Platon rejette même les diſtinctions
ſi géneralement reçues entre le *bon*
& *l'agréable*, le *mal* & le *déſagréable*. Si le bon nous paroît quelquesfois *déſagréable*, ſi le mal au contraire
nous paroit *agréable*, c'eſt, dit-il, parce que nous n'enviſageons alors que le
preſent. Faites entrer l'avenir dans
la ſupputation: le *bon*, qui vous avoit
d'abord paru *déſagréable*, empruntera
de l'avenir des *agrémens*, & le mal
perd ra ceux qu'il avoit emprunté du
preſent.   Dif-

Diftinguons ici quatre chofes, ajoute *Platon*.

L'agréable *abfolu*.

Le défagréable *abfolu*.

L'agréable, qui devient *défagréable* dans fon raport à l'avenir.

Le *défagréable* qui devient *agréable* dans le même raport à l'avenir.

Les paffions ne peuvent pas féduire lorfqu'il s'agit des *deux premieres*, car la paffion la plus déraifonnable ne fauroit nous faire trouver agréable, ce qui eft défagréable en foi.

Si nous nous trompons, c'eft par raport aux *deux dernieres*, lors que nous fupputons mal le plaifir préfent contre le déplaifir futur, & le déplaifir préfent contre le plaifir futur ; &, lorfque nous mettons le furplus où il ne fe trouve pas.

C'eft donc dans ce faux calcul qu'il faut chercher la raifon du mal moral ;

&

& chaque faute dans la *pratique* préfupofe un défaut dans les connoiffances·

Platon en tire cette conféquence importante, qu'on peut faire une *fcience* de la *vertu*, & que l'on peut *aprendre* la *vertu* comme l'on aprend la Géométrie.

Cette Théorie a fervi de bafe aux modernes pour établir fur fes fondemens leur fifteme des *habitudes*, & les divers caractères qu'ils ont affigné aux connoiffances *fpéculatives* & *pratiques*.

Une connoiffance, qui paffe de l'efprit dans la volonté, & qui y excite le defir ou l'averfion, eft une connoiffance *pratique* & *active*; celle au contraire, qui n'influe pas fenfiblement fur la volonté, eft purement *fpéculative* ou *oifive*. — Les connoiffances qui apartiennent au premier genre font des *refforts* de l'ame, qui, s'ils ne

ne trouvent point une trop grande
réſiſtance, produiſent infailliblement un
effet déterminé.

Si des reſſorts oppoſés ſe choquent
dans l'ame, s'ils ne ſont même que ſe
balancer, ils perdent dans l'un &
l'autre cas leur activité, & l'ame reſte
dans l'indifférence. Qu'on eſſaye de
tendre un des reſſorts, qu'on le rende
dominant, & l'ame cédera à cette force ſuperieure; ainſi à proportion de
la force des reſſorts qui conſpirent
dans telle ou telle action, l'homme
agit ou n'agit pas.

Une connoiſſance, qui eſt devenuë
un motif aſſés puiſſant pour influer
ſur la pratique, peut être nommée
force vive par analogie aux termes
emp'oyés dans la Méchanique. L'on
pourroit nommer au contraire *force
morte* toute connoiſſance, qui perd ſon
activité par la réſiſtance qu'elle éprou-
ve,

ve. Il eſt vrai que la ſupputation, dont nous venons de parler, ſe fait avec tant de promptitude, qu'elle nous échape ſouvent. Mais auſſi n'eſt-il pas beſoin, que nous nous apercevions de cette opération * : elle peut s'éxecuter en nous comme d'elle même, par une ſuite de la nature de notre ame : celle-cy a le ſentiment des motifs, qui la porte à faire telle ou telle action ; elle ſent de même la re-

---

* Rien de plus pitoyable que la maniere dont l'ignorant orgueilleux attaque les recherches qui ont pour objet la nature de notre ame : dites lui qu'on a découvert telle ou telle verité, il vous refutera par un : *hé, qui peut ſavoir cela!* Je ſuppoſe qu'un obſervateur à l'aide d'un Microſcope ait découvert quelques fibres très deliées, & qu'il raconte ſa découverte ; on la niera! *hé qui peut ſavoir cela,* dira-ton? Celui qui a le microſcope, répondra, l'obſervateur.

résistance qui naît de l'opposition des désirs & des aversions, & prenant enfin sa résolution elle se porte du côté, où elle se sent le plus attirée.

Si la connoissance active est composée de notions distinctes, on nomme ses effets sur la volonté, des *motifs*. Les motifs rappellés à l'éxecution ont à combattre non seulement des motifs contraires, mais aussi des Instincts obscurs, que nous avons nommé les *ressorts de l'ame*.

La faculté de comparer entr'eux des motifs pour & contre une action, & de se déterminer conformément au résultat de cette comparaison, est ce qu'on nomme *liberté*.

Ces distinctions, quoique subtiles, ne laissent pas que de répandre du jour sur une matiere aussi difficile qu'importante; mais elles ne résolvent pas toutes les difficultés.

Que

Que quelques unes de nos connoiſſances ſoient *actives*, d'autres *oſives*,
à la bonne heure, mais d'où vient,
que les connoiſſances formées par le
raiſonnement & compoſées d'idées
diſtinctes, ſont d'ordinaire moins *acti-*
ves, que les connoiſſances confuſes
produites par les ſens ?

Pourquoi les reſſorts ſont-ils ſouvent plus forts que les motifs ?

De plus, quelle ſera ici l'influence
des *habitudes* ?

Comment un exercice ſouten
transforme t-il une connoiſſance ſpécu-
lative en connoiſſance pratique ? Comment l'habitude change-t-elle une
force morte en une force vive ?

Pour lever ces difficultés, je hazar-
derai de faire un pas, qu'on ne fait
guere ſans danger : je formerai une
hypothéſe, j'indiquerai certains rapports qu'on découvre entre les forces
morte,

mortes & les forces vives, c'est la compofition de ces rapports telle que je la conçois, qui conftitue proprement ce que je nomme mon Hypothe'e. Ce n'eft point que ces rapports foient inventés à plaifir, mais comme je ne fuis pas fûr, que leur énumération foit complete, je ne donne ceci que pour conjectural. Quoiqu'il en foit, mon hypothèfe pourra fervir à expliquer nombre de Phénomènes Pfychologiques, qui ont été une pierre d'achopement pour divers Philofophes. Et lors même qu'on parviendroit à démontrer la fauffeté de cette hypothéfe, elle n'en auroit peut-être pas moins frayé une nouvelle route pour arriver au vrai. *

Une

---

* Je prie le Lecteur de recueillir toute fou attention fur cette hypothéfe. L'Auteur

Une connoissance devient *active* dès qu'elle nous fait entrevoir une perfection ou une imperfection : point de doute là dessus. J'avance donc:

Le degré de cette activité sera en raison.

1°. Du *degré de là perfection*, dont l'objet est doué. Plus la perfection d'un objet, qui est offert à nôtre choix,

est

---

ne l'expose, que dans la modeste vuë, de la soumettre au Jugement du Public éclairé. Elle est assurément la partie la plus importante de l'ouvrage, & celle qui caractérise le mieux la manière de philosopher de cet estimable Ecrivain. Son hypothése ingenieuse est aussi neuve qu'instructive, & c'est ce double mérite, qui m'a surtout déterminé à entreprendre cette traduction, dont je ne me dissimulois pas les difficultés : j'ai souhaité de répandre au loin des Principes si lumineux ; & si dignes de l'examen de toutes les Nations qui savent penser.

est grande, plus l'instruction que nous
en avons, nous est agréable, & plus
nous désirons de posséder l'objet.

Du degré de connoissance que nous
avons acquis de l'objet. Plus cette
connoissance est vraie, distincte & certaine *, plus nous nous sentons portés
pour l'objet, dont elle nous représente la perfection.

Du degré de vitesse, avec lequel
cette connoissance s'acquiert. C'est un
raport que j'ose ajouter aux précedens :
je m'explique. Moins il nous faut de
tems pour parcourir toutes les parties
de

---

* A nôtre égard, une connoissance peut être
vraie sans être *certaine* : c'est qu'il ne s'agit
pas seulement d'apercevoir une verité, il faut
encore appercevoir sa liaison avec les principes dont elle découle ; & c'est la perception
de cette liaison qui constitue la *certitude* de
la Connoissance.

D

de la perfection qu'un objet nous offre ; plus l'agrément que la connoiffance intuitive de cette perfection nous procure, eft grand, & plus le défir d'en jouir eft actif.

; En raifonnant d'après cette hypothefe on pourroit dire, que la *force active* des refforts de notre ame eft en *raifon* compofée

1. De la raifon directe de la quantité *du bien* qu'on apperçoit.

2. De la raifon directe *du degré* de connoiffance que nous avons de ce bien.

3. De la raifon inverfe *du tems* qu'il nous faut pour y refléchir.

Qu'on m'accorde ce que je viens d'avancer, & il en naîtra * d'abord une con-

* Il n'y a peut-être que l'énumeration de ces ingrédiens très compliqués qui paroiffe incomplette. Je ne fais fi je me trompe, mais

Il

conséquence très simple ; c'est qu'une connaissance peut-être moins vraye, moins certaine, moins distincte qu'une autre, & cependant agir avec plus de force sur la volonté. Cet effet aura toûjours lieu non seulement lorsque

---

il me semble que la facilité de se procurer l'objet & d'en jouir, facilité que l'ame prévoit confusément, ne devroit pas être negligée dans cette composition des raports. L'on pourroit donc dire que cette activité est 4. en raison inverse de l'espace qu'il faut parcourir pour le saisir de l'objet, ou en géneral des forces qu'il faut employer pour s'en mettre en possession. On suit cette régle à l'égard des enfants, à qui on tâche de faire passer l'envie de s'emparer d'une chose en la mettant hors de leur portée. Peut-être y a-t-il d'autres rapports que je n'apperçois pas; mais je prie ceux qui s'occuperont de cette matiere, de donner leur attention au n. 2. Il me paroît renfermer bien des idées qu'on ne découvre pas au premier coup d'œil.

D 2

que l'objet repréfenté fera plus parfait, mais auffi lorfque l'ame emplo-
yera moins de tems à parcourir les
diverfes perfections qui les caracté-
rifent. On comprendra toute la juf-
teffe de cette conféquence fi l'on veut
feulement réflechir fur la nature des
raifons compofées.

S'étonnera-t-on après cela que les
paffions & les idées fenfibles l'emportent fi fouvent fur la *raifon*? *Arafpe*
pouvoit bien dire ce que difoit *Mé-
dée » aliud cupido, mens aliud fuadet;
video meliora proboque deteriora fequor.*

L'ame peut être convaincue par
un raifonnement, que A. éft bon, &
néanmoins fe déterminer pour B. fi
elle apperçoit plus de bien en B. qu'en
A. & qu'il lui faille moins de tems
pour parcourir le premier que le fe-
cond, quoi qu'elle apperçoive B. moins
diftinctement que A.

Ce-

Cela posé, la force des ressorts qui la déterminent pour B. sera plus grande que la force des motifs qui tendent à la porter vers A ; & B doit obtenir la préférence.

Or les *passions* ne sont que des perceptions confuses d'une quantité de bien ou de mal ; perceptions qui naissent toutes à la fois dans notre ame, & qui se réunissent pour l'assaillir. Ainsi les passions peuvent l'emporter sur la raison de deux maniéres :

On par la quantité de bien ou de mal qu'elles représentent.

Ou par la vitesse avec laquelle cette représentation s'éxécute.

Par la même raison les *idées confuses* l'emportent souvent sur les *idées distinctes*.

1°. Par le nombre des caractéres distinctifs.

2°. Par la présence continuelle de ces caractéres.   D 3   3°. Par

3°. Par la viteſſe, avec laquelle nous concevons tout le bien contenu dans une répréſentation confuſe.

Les idées diſtinctes n'ont pas d'abord cette *vivacité*, je veux dire, ce grand nombre de caractères diſtinctifs, qui ſe trouve dans les idées confuſes : les caractères, que la notion diſtincte renferme, ne ſont pas auſſi préſens à l'ame, qu'ils le ſont dans les idées confuſes ; & enfin il faut du tems pour les parcourir l'un après l'autre. Ainſi quelque grande que ſoit la certitude qui nait des idées diſtinctes, elles ont moins de pouvoir ſur la volonté que n'en ont les idées confuſes.

Un homme, qui voit tirer le canon, ſaute de frayeur, quoiqu'il ſoit hors de la portée du coup, & qu'il ſe ſoit dit, *le boulet n'atteindra pas juſqu'à moi*, Un autre très convaincu, que la poudre à canon miſe ſous un

réci

récipient vuide d'air, ne sauroit prendre feu, refuse néanmoins d'en voir l'expérience. Pourquoi ces contradictions ? Mon hypothèse pourroit en rendre raison.

Ce qui rassure ici contre le danger, c'est le raisonnement ; ce qui fait naitre la crainte du danger, c'est la perception presqu'*intuitive* de ce danger. Le raisonnement est plus convaincant, mais l'intuition est plus vive & plus subtile ; elle influe donc davantage sur la volonté, & excite ainsi dans le corps des mouvemens volontaires. De-là vient encore qu'on ne s'effraye plus, quand on a vû plusieurs fois tirer le canon : c'est que la *coutume* rend aussi promt ce raisonnement : « *Il n'y-aura pas de mal pour moi*, » qu'il nait aussi vite dans l'ame, que l'idée du danger excitée par le bruit. La crainte s'évanouit alors.

La

La coutume & l'exercice changent toutes les facultés de l'ame en habitudes, & elles font, que la même chose, qui d'abord avoit demandé bien du tems, s'exécute dans la fuite avec une vitesse furprenante. L'expérience nous apprend tous les jours cette vérité; mais il est auffi des principes pfychologiques, qui la démontrent.

L'habitude n'est que le pouvoir d'exécuter une chofe en fi peu de tems, que nous perdons la confcience du détail des actes néceffaires à l'exécution. Or toute action quelconque fuppofe une *chaine d'idées*, à laquelle répond quelquefois dans le corps une fuite de mouvemens volontaires.

Cette chaine d'idées paffera d'autant plus rapidement dans notre ame, que les chainons, qui la compofent, feront plus étroitement unis; ou ce qui revient au même, que l'ame y

op-

appercevra plus de *rapports* & *d'analogies*. Car notre imagination tend toujours à paſſer d'une idée à une autre par la voye de l'aſſociation. Ainſi plus nous découvrons de rapports & d'analogie entre un certain nombre d'idées, plus il devient facile à l'ame d'en parcourir promtement toute la chaine.

La repétition fréquente d'une même action produit la *coutûme*. *L'exercite*, qui d'abord n'en paroit point du tout différer, en diffère pourtant, en ce qu'il ſuppoſe un *deſſein* & un certain *but*. Autant de fois, que nous répétons un travail, notre ame parcourt la chaine des idées qui ſ'y rapportent. Qu'en réſulte-t-il? A chaque repétition les idées enchainées ſe ſerrent davantage, parce qu'il eſt impoſſible d'avoir fréquemment les mêmes idées ſous les yeux, ſans découvrir chaque

D 5   fois

fois plus de rapports & d'analogie
entr'elles. Voilà ce qui facilite la
transition, & ce qui augmente la vitesse, avec laquelle nous parcourons une suite d'idées, que nous
avons souvent eues. Cete vitesse est
enfin augmentée au point, que l'ame
perd la *conscience* de ces idées, qui
passent avec tant de rapidité. Et c'est
précisément le *point*, où la faculté se
change en habitude.

Il est aisé de voir, de quelle manière la coutûme & l'exercice con-
tribuent à cette transformation lorsqu'il s'agit des facultés de l'ame.
Quant aux facultés purement *corporel-
les* il faut avouer, que l'explication
que nous venons de donner, n'est pas
suffisante, pour en dévoiler le mystère : mais c'est aux Physiciens qu'il
apartient de faire en ce genre les recherches nécessaires ; ils n'ont pas
en-

encore affés étudié le pouvoir, que
la coutume exerce fur notre corps.
Je n'ai voulu rendre compte que de
ce qui fe paffe rélativement aux facultés de notre ame.

Ce défaut de *confcience* ou d'apperception réfléchie, qui naît de l'habitude, n'empêche pas que les *refforts*
n'agiffent fur la volonté, & ne pro-
duifent dans le corps les mouvemens
qui y répondent. Car pourquoi cette
confcience ceffe t-elle d'agir ? La raifon en eft dans la viteffe, avec laquelle les idées s'entrainent les unes
les autres. Ainfi, quoique le dégré
de perfection qui fe trouvoit dans notre connoiffance ait été diminué par
ce défaut d'apperception, la quantité
de la force, qu'avoient les reffurts,
refte pourtant la même ; parceque
nous gagnons du côté du *tems*, ou
de la *viteffe*, ce que nous perdons

du

du côté de la *perfection* dans notre connoissance.

C'est encore la nature des raisons composées, qui démontre la vérité de cette explication. Quand ce que le dégré de la connoissance perd, lui est rendu par la vitesse, le produit doit être le même, & par conséquent l'activité des ressorts la même. On comprend par là, comment sans y penser, nous faisons nombre d'actions habituelles, qui d'abord avoient demandé de l'exercice & beaucoup d'attention. Combien de mouvemens volontaires requis pour *parler* & pour *écrire*! Quelle lenteur, quels soins, quelle attention tandis que nous ne sommes encore qu'au premier apprentissage! quelle rapidité, dès que l'habitude est une fois contractée! Tout s'exécute, sans que nous y pensions. Un homme, qui apprend à jouer du cla-

clavecin, est obl'gé de regarder avec
attention chaque touche, avant que
de la faire résonner. A t-il fait des
progrez par un exercice soutenu? Il
vous fera entendre la plus belle Mu-
sique presque sans y penser.

Observez le compositeur dans une
imprimerie : vous le verrés d'abord
chercher comme à titon les caractères qu'il veut employer. Voyez-le
quelque tems après, vous aurez peine
à suivre de l'œil les mouvemens ra-
pides de sa main : il a déja trouvé
avant même que vous ayez pû vous
appercevoir qu'il cherchoit. Il me
semble que tous ces Phénomènes s'ex-
pliquent heureusement par les principes que j'ai établis.

On ne l'a pas oublié : l'habitude
naît de l'exercice ; & lors qu'elle est
formée, l'ame perd aussi-tôt la conscience, rélative à l'action : mais
mal-

malgré l'obscurité dans les idées, leur effet sur la volonté demeure le même : cet effet, qui ne rencontre plus de résistance du côté opposé, doit donc se manifester en entier, par la production des mouvemens correspondans dans les organes du corps : qu'on réfléchisse sur tout cela, & l'on conviendra sans peine, qu'il n'en faut pas davantage pour rendre raison non seulement des Phènomènes, que nous venons d'indiquer, mais encore d'une infinité d'autres, qui paroissent aussi surprenans.

Appliquons encore ces principes à la *théorie generale des mœurs*.

Les *Wolf*, les *Baumgarten* ont donné des ailes à cette belle partie de la Philosophie; & elle a pris un vol qui étonne aujourd'hui ces petits philosophes, qui ne savent que voltiger à l'aide d'une imagination, qu'ils prennent pour du génie. Au-

Autant les anciens & leurs heureux imitateurs parmi les modernes nous font fupérieurs, lors qu'il s'agit de tourner finement des maximes, & de peindre des caractères avec des couleurs fortes & vives : autant nous l'emportons fur eux, lors qu'il s'agit de la *fcience des mœurs*, fi étroitement liée aux autres parties de la Philofophie & également fondée fur les premiers principes des connoiffances humaines. La Morale, la Pfyhologie, & le Droit naturel, avoient été jufqu'ici des rivieres féparées, qui n'avoient entr'elles aucune communication. *Wolf* remontant à leur fource découvrit le premier qu'on pouvoit naviger de l'une dans l'autre.

Le Philofophe peut traiter la Morale comme un objet de curiofité, & il fe contente alors, comme le Géomètre, de la démonftration toute féche.

Une

Une seule démonstration nous donne plus de conviction, que des probabilités sans nombre : mais si la démonstration peut nous convaincre, elle ne peut pas de même nous exciter à agir. Elle nous apprend, il est vrai, à connoitre le *moralement bon* ; & elle donne aussi plus de force à un des rapports de notre hypothèse. Mais les autres rapports ne doivent pas être négligés. Il faut mettre en mouvement tous les ressorts qui portent à la vertu, sans en excepter ceux qui sont purement persuasifs ; & il faut nous accoutumer à parcourir tous les motifs. Par le nombre des motifs le degré de la perfection, que l'objet nous présente, est augmenté ; & par la facilité de les parcourir, le tems que la réflexion demande, est diminué. Ainsi l'activité, avec laquelle le *moralement bon*

bon agira sur notre bonne volonté, sera d'autant plus grande, qu'elle aura augmenté en raison composée des trois rapports.

Mais comment contractons - nous l'habitude de parcourir promptement les motifs à la vertu? Il est deux moyens d'y parvenir. *L'un* nous est fourni par *l'exercice* soutenu, & *l'autre* par la *connoissance intuitive*.

Quant *au premier*; nous avons déja vû comment par un exercice soutenu chaque faculté de l'ame peut être transformée en habitude, & la lenteur du raisonnement en vivacité de sentiment.

Un philosophe qui aura souvent refléchi sur les raisonnemens tirés de la Philosophie pratique, qui les aura considerés dans leurs liaisons & apliqués aux cas particuliers; que nous voyions ensuite ce Philosophe dans une

situa-

situation critique, ce ne sera pas sans surprise que nous contemplerons l'influence de la morale démonstrative sur les penchants & sur les passions.

Si au contraire l'exercice necessaire manque à ce Philosophe, la raison qui devoit le sauver pourra agir trop tard. Les notions qui entrent dans un raisonnement de morale ne se suivent pas aussi rapidement, que les circonstances l'exigeroient ; & de là vient que le raisonnement opère plus foiblement sur la volonté que le penchant opposé.

Accordons, si l'on veut à *Platon* que la vertu est une science, & une science qu'on peut enseigner & apprendre ; mais avouons que dès qu'il s'agit de la pratiquer, la conviction qui nait de la démonstration ne suffit pas ; & qu'il faut encore y joindre l'exercice & en quelque sorte

l'hal'habitude propre à l'artiste.

Bien plus : celui qui s'efforce d'atteindre au plus haut degré de la perfection morale ; celui qui place son bonheur à établir une harmonie parfaite entre toutes les facultés de son ame , tant inférieures que supérieures , doit se servir des loix de la nature , tout comme l'artiste se sert des regles de son art.

Il faut qu'il persévére assez dans l'exercice pour perdre enfin la conscience des regles ; il faut que ses maximes se soient transformées en *penchant* , & que sa *vertu* paroisse être plûtôt la *suite de l'instinct*, que *l'effet de la raison*. Alors seulement il est parvenu à la grandeur heroïque , qui , supérieure au combat des passions ordinaires , éxerce sans faste des vertus dignes de l'admiration du genre humain. Celui qui à chaque action

hon-

honnête qu'il fait, s'entretient encore
de ses maximes, & en parle, ne peut
assurément pas se vanter que la vertu soit devenue pour lui une secon-
de nature. Qu'il ne se trompe point :
il a encore à faire bien du chemin,
avant que d'atteindre la perfection
morale.

Venons au *second moyen* d'augmenter la vitesse de la refléxion, je veux
parler de la *connoissance intuitive*.
Nous l'acquérons, lors que nous ra-
menons les notions abstraites à des
faits particuliers & déterminès, & que
nous considerons avec soin la manière de les appliquer.

On comprend aisément comment
par ces artifices nos connoissances
acquiérent plus de vivacité.

Quand nous appliquons les raisonnement abstraits à des faits particuliers, nous parcourons d'un clin d'œil

toutes

toutes les suites qui déterminent les notions univerfelles, & qui dans l'abſtraction ne ſe préſentent à nous que l'une après l'autre. Par là nous abrégeons le tems requis pour appercevoir *l'enſemble* d'un raiſonnement de morale; & voici encore un point, qui ne contribue pas peu à augmenter l'activité de nos connoiſſances & à leur donner de la vie & de la force.

Quel n'eſt point le prix des *belles Lettres* conſiderées rélativement à leur utilité dans la Morale! Ce ne ſont pas ſeulement les ames de la trempe commune, trop ſuperficielles pour recevoir l'empreinte profonde de la démonſtration, qui tirent un avantage infini de cette application des belles Lettres; ce ſont encore les Philoſophes qui en recueillent des fruits précieux; négligeroient - ils un des moyens les plus propres à donner la
vie

vie morale aux connoiſſances mortes
de raiſonnement?

L'Eloquence, fille du Ciel, multiplie
& produit avec art des motifs. Elle
en forme ces traits perçants trem-
pés dans le Nectar enchanteur ,
que la *Déeſſe de la perſuaſion* tient
de la mère des amours, qui eſt auſſi
la ſienne.

L'*Hiſtoire* transforme en exemples
les maximes generales, & nous montre l'application des notions abſtraites
à des faits particuliers , puiſés dans la
nature. L'on ne ſe trouve pas toujours dans des ſituations à mettre en
pratique les maximes qu'on s'eſt faites , & à transformer ainſi les connoiſſances des mots en elles , qui por-
;tent ſur les choſes mêmes.

Ce ſont les exemples , qui nous
font connoître les conſéquences , l'utilité & l'application des loix univer-
ſelles

felles de la nature, & qui nous donnent cette facilité, qu'on n'acquiert
d'ordinaire que par un exercice actuel
& souvent dangereux.

Enfin la *Poësie*, la *Peinture*, & la
Sculpture, lorsque l'artiste ne les dé-
grade point en les faisant servir à des
fins honteuses, nous montrent les pré-
ceptes de la Morale dans des fictions
embellies par l'art & ornées par
les graces. C'est entre leurs mains
que les connoissances acquiérent de
la vie & de la force, & que les vé-
rités les plus abstraites & les plus sè-
ches deviennent sensibles & agréables. *

Qu'on ne s'imagine pourtant pas
que

---

* Il est même des cas où les fictions sont
préférables aux exemples tirés de l'histoire;
Mr. *Lessing* l'a suffisamment prouvé dans ses
dissertations sur l'apologue.

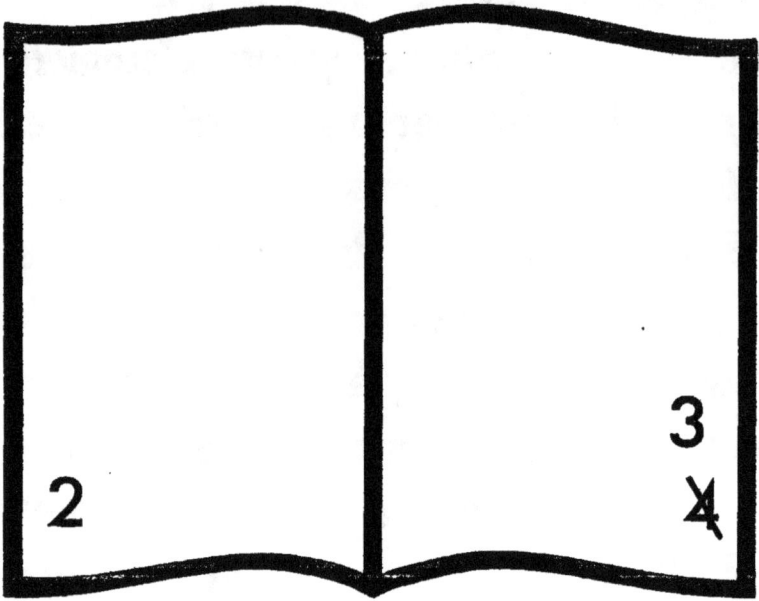

2

3

4

que la connoissance intuitive suffise toute seule pour faire parvenir à son but l'ami de la vertu. S'il ne lui suffit pas d'avoir des connoissances qui l'instruisent plûtôt des signes des choses, que des choses elles-mêmes; il ne lui suffit pas non plus d'en avoir seulement des images lumineuses : les images persuadent pour le moment, mais elles ne convainquent pas; ainsi elles ne sauroient non plus donner cette entiére conviction, qui fait de l'homme vertueux *tenacem propositi virum* & l'empêche d'être détourné de ses résolutions par les adversités les plus accablantes. D'ailleurs les exemples, qui ne sont pas appuyés de démonstrations, peuvent aisément égarer notre jugement. Ajoutons, qu'ils ne se reproduisent pas toujours à point nommé dans la mémoire pour agir

sur

fur la volonté, lorfqu'il le faudroit.

Que notre ame veuille paffer d'un cas particulier à un cas analogue, il faudra qu'elle prenne fon chemin par la région de l'univerfel. Car comme les deux cas particuliers ne fe trouvent analogues que dans l'univerfel, l'imagination n'a point d'autre paffage que de monter du particulier à l'univerfel, & de defcendre de celuici au cas analogue, qui en doit être l'exemple. Ainfi l'homme, qui n'a point la facilité de ramener chaque fait particulier à fon principe géneral, s'arrêtera au bord du précipice, fans trouver le paffage pour parvenir aux exemples, qui devoient le fauver.

Celui au contraire, qui combine ces deux fortes de connoiffances, donne à fes jugemens, par la force de la démonftration, la marque de l'infaillibilité.　　　　E　　　　Les

Les maximes générales font pré-
fentes à la mémoire, autant de fois,
que les circonftances l'exigent. 'L'i-
magination fait pour ainfi dire, la
revuë de tous les cas particuliers,
auxquels ces maximes ont été apli-
quées, foit par nous mêmes, foit par
d'autres. Et notre connoiffance acquiert plus de vie & d'activité à proportion de la viteffe, avec laquelle
ces diverfes opérations s'exécutent.
L'énergie des refforts s'accroit & produit enfin la ferme réfolution qui feu-
le eft capable d'arrêter la fougue des
paffions. * C'eft alors, que l'homme

de

---

* Nihil eft tam difficile & arduum, quod
non humana mens vincat, & in familiarita-
tem perducat affidua meditatio; nullique funt
tam feri & fui juris affectus, ut non difci-
plinâ perdomentur. Senec. de Ira L. II. C. XII.

de bien atteint le sommêt de la vertu, & que placé dans cette élevation, il n'a plus d'orages à craindre ni de tentations à redouter.

F I N.